MEILLEURS VŒUX

Carole GREEP

Éditions ART ET COMÉDIE
3, rue de Marivaux
75002 PARIS

MEILLEURS VŒUX

a été créée le 20 avril 2012
au Théâtre Tristan Bernard à Paris

dans une mise en scène de David Talbot

Avec

Juliette Galoisy

Eric Guého

Reprise du 21 octobre 2013 au 6 janvier 2014
au Théâtre du Petit Gymnase à Paris

dans une mise en scène de David Talbot

Avec

Juliette Galoisy
ou Ludivine de Chastenet

David Talbot

NOTE DE L'AUTEUR

Meilleurs vœux est ma pièce jouée, la plus personnelle, à ce jour.

De plus, elle ne peut être dissociée dans mon esprit de mes amis de talent fidèles qui m'ont fait éclore en tant qu'auteur, et qui ont créé cette pièce :

Juliette Galoisy, Eric Guého, David Talbot pour les comédiens, et Elisa Boulangé en tant que co-productrice.

Je tiens à remercier tout particulièrement David Talbot, metteur en scène et comédien, qui m'a fortement apporté en collaboration artistique.

Dans sa mise en scène de Paris, à la création, chaque élément lourd du décor, fenêtre, porte était isolé (pas de panneau) et sur roulettes. Tant et si bien qu'au moment plus poétique de la chanson, les comédiens placent celui-ci à l'inverse de la mise en place du début, et que nous nous retrouvons en contrechamp. En tant que spectateur, nous observons la fin de la pièce depuis la rue, à travers la fenêtre avec les comédiens au balcon fêtant le Nouvel An avec la clameur de la foule. Cela fait partie entre autres des belles idées désormais indissociables de la pièce, dans mon imaginaire.

Carole Greep

Nous sommes dans un appartement style « vieux garçon », pas de goût particulier. Exigu, pas très confortable. Le look sent un peu le renfermé. Le strict nécessaire. Une kitchenette, un coin-salon, une porte pour la chambre. Une fenêtre sur l'un des murs.

Sur un autre mur, on remarque un rideau dissimulant des étagères. Partout, des centaines de cartes postales venant de tous les pays du monde sont accrochées.

Un sapin de Noël clignote encore mollement, il reste un paquet mince dessous. Sur une petite table, des huîtres, un presse-citron, deux couverts, deux chandelles et une petite coupelle avec des gélules colorées. Antoine est seul, il compose un numéro sur son vieux téléphone fixe.

ANTOINE, *au téléphone.* – Sandrine, euh… Sandrine, je… je… bon, ben j'y vais, je me lance : j'ai quelque chose de très important à vous dire et je voudrais vous le dire avant de partir puisque ce soir, je vais me suicider… *(Il jette un œil à sa montre.)*… aux alentours de minuit moins le quart, moins cinq, si on se réserve un petit temps pour l'agonie, ou même au cas où ça ne marche pas du premier coup. Bref… C'est pas très grave, sauf qu'il faut absolument qu'on se voie avant. Absolument. J'ai quelque chose de très important à vous dire vous concernant. C'est ma dernière soirée, je voudrais la passer avec vous, parce que… je vous aime, Sandrine. Au fait, oui, très important : moi, je m'appelle Antoine Granier. Granier comme « gras » et… « niais », c'est facile… et j'habite au 63 rue des Petites-Écuries, pas très loin de chez vous. Le code c'est 5678, c'est facile, Morbihan-Yvelines, au cinquième étage droite sans ascenseur, désolé. Mais en même temps, une fois en haut, on a une vue imprenable sur la tour Eiffel… *(Une tour Eiffel gadget clignote à la fenêtre.)* Alors à tout à l'heure, j'espère… Morbihan-Yvelines, donc… Et bravo pour le message d'accueil, il est très rigolo ! Ça met de bonne humeur. *(Il raccroche et finit de préparer une belle table, avec chandelles, deux couverts, etc. Il va vers la porte, l'ouvre, fait comme si Sandrine était en face de lui, très séducteur.)* Bonsoir, Sandrine. Vous êtes très belle ce soir. Entrez, je vous en prie… *(Il referme la porte. À lui-même.)* Nul, con, moche.

> *Il se déshabille et allume une radio désuète.*

VOIX ANIMATEUR RADIO 1. – … Alors qu'en Australie et au Japon, ils ont déjà fêté la nouvelle année, eh oui, ce sont plus de trois cent mille personnes qui se sont réunies ici à Sydney pour…

> *Antoine essaie de changer la station de la radio, qui grésille.*

VOIX ANIMATEUR RADIO 2. – … Mais le chapon farci sera lui, plus festif et moins laborieux à préparer, n'est-ce pas Michel ? *(Bruit de chapon qu'on égorge, en fond.)*

> *Antoine change à nouveau de station de radio en pestant.*

VOIX ANIMATEUR RADIO 3, *dépressif*. – … Langues de belle-mère, coussins péteurs, camemberts musicaux, pétards seront bien sûr au rendez-vous ce soir… Mais parce que sur Radio Blues, nous sommes très impliqués dans cette fin d'année, puisque c'est la dernière, nous allons commencer le compte à rebours jusqu'à minuit, eh bien dès maintenant. Attention : 10 800, 10 799, 10 798, 10 797…

Antoine souffle et coupe la radio.
Tranquillement, il termine d'ouvrir son huître et se dirige vers la fenêtre, entrouvre le rideau pour regarder la rue, et machinalement essuie ses mains dans le rideau comme si c'était un torchon.
La sonnerie de la porte retentit. Antoine prend une grande inspiration, arrange à la hâte les quelques choses qui traînent sur la table, coquilles d'huîtres, etc. Et puis va ouvrir la porte. Il s'arrête dans son mouvement, interloqué : un énorme tentacule de poulpe passe la porte.

ANTOINE. – Bonsoir, Sandrine. Vous êtes… Sandrine, ce soir. Euh… entrez, je vous en prie, si vous voulez, enfin, si vous pouvez surtout.

SANDRINE, *off.* – Je suis bien chez Antoine Gronier ?

ANTOINE. – Granier, Granier. Antoine Gra-nier.

Sandrine réussit à entrer. Elle est déguisée en poulpe, avec une dizaine de tentacules énormes et violets qui partent du buste, et une énorme tête dans laquelle il y a un trou pour passer la sienne. Quelques feuilles de salade sont collées çà et là, et elle a un sac en forme de demi-rondelle de citron. Elle est en sueur. Méfiante, elle regarde la pièce, reste sur ses gardes près de la porte. Elle regarde Antoine intensément.

SANDRINE, *inquiète.* – Ça va ? Vous allez bien ? Ça va aller ?

ANTOINE, *détaillant sa tenue improbable.* – Moi, très bien finalement mais… vous ?

SANDRINE, *réalisant.* – Ah… euh… non… mais… euh… oui, ça ! Je vais à une soirée déguisée après, c'est pour ça, et euh… c'est ridicule, je sais. *(Elle le regarde, gênée.)* Excusez-moi, monsieur, mais je voulais juste vous dire : vous m'avez appelée à l'instant, là, sur mon portable, et vous avez dû faire une erreur, parce que c'est pas moi, non, c'est pas moi. *(Gênée, elle parle vite.)* C'est pas moi, la Sandrine que vous avez appelée, c'est pas moi ! Alors bon, moi aussi, je m'appelle Sandrine, donc ça tombe bien, et c'est bien mon numéro que vous avez fait. Mais c'est pas moi. Je veux dire que, comme j'ai entendu, et j'en suis désolée, que ça n'allait pas très fort et que vous alliez peut-être faire une bêtise à cause d'elle ou je ne sais pas, ça ne me regarde pas…

ANTOINE. – Ah oui ! Mais non, mais…

SANDRINE. – Enfin, je préfère vous prévenir que la bonne Sandrine, la Sandrine de votre suicide, elle n'a pas eu le message, d'accord ? Enfin, elle ne sait pas, hein… puisqu'il y a eu manifestement une erreur de suici… de Sandrine. Bon, ben je vais y aller, moi, hein ? Ça va aller, d'accord ? *(Elle lui fait une accolade rapide et intense comme avec un malade et tourne les talons.)* Allez, bon courage ! Bon, ben j'y vais, moi, euh… on m'attend. Alors, adieu ! *(Réalisant, elle patauge.)* Au revoir… J'veux dire, c'est ça… Enfin, à bientôt, euh… peut-être… Allez, haut les cœurs !

Elle part trop vite et reste coincée dans l'embrasure de la porte à cause de son costume.

ANTOINE. – Sandrine : 06 77 47 37 70. Ça fait beaucoup de 7 dans votre numéro, c'est un très bon chiffre le 7… C'est vous, la Sandrine que je voulais voir.

SANDRINE. – Mais monsieur, vous avez dit sur le message que vous l'aimiez la Sandrine en question, or on n'est pas amoureux de quelqu'un juste parce qu'il a plein de 7 dans son numéro de téléphone, c'est plus compliqué que ça… *(Radoucie, comme à un malade.)* Vous avez pris des cachets ? Vous avez pris quoi comme cachets ? Vous vous souvenez si vous prenez un traitement ? Monsieur ? Parce que, attention, y a des cachets qui sont contre-indiqués pour un suicide…

ANTOINE. – Non, je vous rassure, tout va bien. J'ai encore toute ma tête… Profitez-en, ça ne va pas durer.

SANDRINE. – Ah ! *(Illuminée.)* Ça y est, c'est ça ! J'ai compris : vous êtes de mèche avec Boris et J.-P. ! *(Les cherchant dans la pièce.)* Ils sont où ces deux cons ?

ANTOINE, *la coupant*. – Je ne connais ni Boris ni J.-P., et c'est bien vous que j'ai appelée car je compte bien me suicider avant minuit. Entrez, San-San.

SANDRINE. – Pourquoi vous m'appelez San-San ? Seuls les très intimes m'appellent San-San… *(Pour elle.)* D'ailleurs, personne ne m'appelle San-San…

ANTOINE. – Allez, asseyez-vous cinq minutes… Si vous m'expliquez cette tenue, je vous explique tout.

SANDRINE, *méfiante*. – Oui, bon, ben… cinq minutes, alors. Déjà, vous êtes quand même au courant que c'est le réveillon du jour de l'An, hein ? Eh bien, je suis invitée à une soirée déguisée dont le thème est : « Votre plat favori ». Et moi, c'est la salade de poulpes. Voilà.

Silence gêné.

ANTOINE. – Mon plat préféré, à moi, c'est le couscous royal. Mais alors à faire en costume : l'agneau, le poulet, les merguez, je vois bien… mais la semoule…

Silence gêné.

SANDRINE. – Bon, ben j'ai envie de dire, super, à vous maintenant.

ANTOINE, *gêné*. – Moi, pas grand-chose, même rien du tout. J'avais juste envie de passer cette dernière soirée avec vous. Voilà. C'est tout.

SANDRINE, *perplexe*. – Vous vous doutez bien que ça ne me suffit pas comme explication. Et justement… *(Tout à coup menaçante.)* Je vous préviens : des gens m'attendent en bas. Si je hurle, il y a Chou farci et Œuf mayo qui rappliquent !

ANTOINE. – Ah bon ? Vous n'êtes pas venue seule ?

SANDRINE. – Bah, non ! Quand j'ai reçu votre message, j'étais en train de partir pour la soirée déguisée avec Chou farci, et puis on est passés prendre Œuf mayo qui me dit : « Oh ! c'est trop con, on est là, fais le code… » Un restant d'humanité m'a poussée à monter pour être sûre que… enfin dans le doute, quoi.

ANTOINE. – Ah ! c'est bien, ce fond de casserole d'altruisme qui reste encore, tout n'est pas perdu.

SANDRINE, *se levant*. – Bon, ben c'est pas le tout, mais il faut que j'y aille. J'ai ma soirée, moi, j'ai mis trois mois à fabriquer mon costume, et c'est pas un truc que je pourrai remettre souvent.

ANTOINE. – Je confirme. Mais c'est très bien fait, bravo. Super boulot !

SANDRINE, *flattée*. – Ouais, rien que pour les manches, j'ai mis deux mois et demi… et y a plein de manches.

ANTOINE. – C'est le problème avec le poulpe. Vous ne voulez pas rester discuter avec moi une petite heure ? Je vous demande rien qu'une petite heure et je vous fous la paix. De toute façon, je me tue après.

SANDRINE. – Non, franchement, je ne peux pas… Autant je connais des gens que ça aurait pu intéresser, autant, moi, je ne saurais pas faire ça. Je ne peux pas, je ne suis pas la bonne personne, je ne suis pas libre, je n'ai pas le temps. En plus, je ne suis pas très psychologue. Il faut savoir que je fais tout crever, moi, en général : les plantes, les chats, les poissons rouges… Je ne suis pas à l'écoute du tout, ça m'ennuie tout ça, je suis très égoïste, moi. Et puis, j'ai même pas mon BAFA.

Un temps. Elle le voit s'assombrir.

ANTOINE, *mal.* – Ça m'ennuie quand même, je… Enfin, j'ai des tas de choses à dire vous concernant.

SANDRINE. – Ou alors, on peut éventuellement se caler un déj' dans la semaine ? Entre treize heures et quatorze heures trente. Bon, donnez-moi votre numéro, je vous rappelle et on se cale un déj', O.K. ? Entre treize heures et quatorze heures mardi en huit ?

ANTOINE, *grave.* – Je ne suis pas en train de vous vendre un forfait « tout numérique ». Les suicides ne se calent pas dans un agenda. Dites-vous bien que, pour vous, je suis un impondérable. *(Il tartine des blinis. Tout à coup, il devient lyrique. Elle l'écoute sans être là.)* Un imprévu… Je suis même peut-être pour vous un heureux hasard, une bande d'arrêt d'urgence. Je suis une rature dans un agenda, un grain de sable dans une poulie…

SANDRINE, *timidement.* – Peut-être mais il va falloir arrêter de manger des dictionnaires de métaphores le matin, parce que ça me fatigue aussi, ça.

ANTOINE. – Soit, mais je suis peut-être pour vous une occasion inouïe de faire un réveillon dont vous vous souviendrez enfin, et vous ne le voyez même pas ! Je suis un petit croche-pied dans votre destin !

SANDRINE. – On n'avait pas dit qu'on arrêtait les métaphores, là ? *(Cris de mouettes : c'est le portable de Sandrine qui sonne. Elle le cherche d'abord dans ses poches, ne le trouve pas, puis se précipite sur son sac « rondelle » dont la fermeture est coincée. Paniquée, elle tape dessus et arrive à décrocher à travers le sac. Elle répond, la rondelle collée à l'oreille. Elle se dirige vers la fenêtre. Elle chuchote fort.)* Allô ! Allô !… Non, je t'expliquerai… Non, il n'est pas encore mort… Il ne va pas bien, mais pas encore… *(Elle passe une tête au carreau, change de ton, brutale.)* Ah ! j'avais pas vu du dessus, le lardon dans la moumoute ! Ah ! ah ! *(Plus bas.)* Non, pas dangereux, je ne pense pas, enfin laisse ton portable allumé quand même… Ben ce qu'on a qu'à faire, c'est que vous y allez sans moi, et je vous rejoins en taxi, O.K. ?… Non… Ça va aller, si… Oui, oui, ça va aller, ouais… *(Plus bas.)* Laisse ton portable allumé. *(Elle raccroche.)*

ANTOINE. – Je vous en prie, asseyez-vous, San-San… drine-drine.

SANDRINE, *sèche et rapide.* – Bon, je vous préviens : croche-pied du destin ou pas… *(Elle regarde sa montre.)*… j'ai un quart d'heure à vous accorder, alors on y va. Je vous écoute : c'est quoi le problème ? Pourquoi vous êtes si malheureux ? Qu'est-ce qui ne va pas ?

ANTOINE. – C'est vrai ce qu'on dit alors…

SANDRINE. – Qu'est-ce qu'on dit ?

ANTOINE. – Le poulpe, pour l'attendrir, il faut lui taper dessus. Vous êtes dure, San-San.

SANDRINE. – Oui, très dure… *(Elle dégage ses oreilles de son costume.)*… si ça peut vous faire plaisir, et arrêtez de m'appeler… *(Elle s'assoit et croise les jambes, comme un psy.)*… San-San, ça me perturbe ! *(Énergique.)* Allez, allez, on y va, c'est la foire aux malheurs, tout doit disparaître !

ANTOINE. – Eh bien !

SANDRINE. – Je vous avais prévenu, je ne suis pas psy.

ANTOINE, *pouffant de rire*. – Non, mais c'est ce costume, c'est… c'est difficile d'être triste face à ce… truc. Vous m'avez gâché ma soirée suicide avec ce déguisement stupide. Moi qui croyais que ça allait être beau, solennel, émouvant…

SANDRINE, *expéditive*. – Attendez, vous avez aussi bouffé un dictionnaire des synonymes ou quoi ?! On ne va jamais s'en sortir !

ANTOINE. – Non, mais c'est difficile de parler de ses problèmes avec un poulpe.

SANDRINE, *pressée*. – Oui, ben je suis désolée. Allez, on enchaîne.

ANTOINE. – Bon, ben voilà, je m'appelle Antoine Granier, j'ai trente-cinq ans, je fais un boulot chiant qui me permet de louer un appartement chiant, dans lequel je me fais chier.

SANDRINE. – Je vous préviens, je n'ai qu'un quart d'heure.

ANTOINE, *mal à l'aise*. – Vous savez, quand on vous force à faire un truc qui ne vous plaît pas, au bout d'un moment, vous arrêtez… Ben moi, c'est pareil avec la vie. Les journées s'enfilent comme des perles. Sans émotion, sans rien. J'ai passé toutes ces années à chercher une bonne raison de me lever, et je ne l'ai toujours pas trouvée. Alors voilà, j'ai décidé de ne plus me lever.

SANDRINE. – Mais, euh… vous avez essayé la drogue ? *(Antoine ne répond pas.)* Allez, allez ! Vous exagérez… Faut positiver. Je suis sûre qu'il y a des tas de gens qui vous trouvent sympathique. En plus, vous avez un logement, un salaire, il fait chaud ici… *(Cherchant.)*… vous avez des rideaux… c'est pas rien, je suis sûre que si on réfléchit bien, vous avez tout pour être heureux.

ANTOINE. – Vous pouvez répéter cette phrase, s'il vous plaît, San-San ?

SANDRINE, *automatiquement*. – Pas « San-San » ! Bah oui… Vous avez tout pour être heureux.

ANTOINE, *violent*. – Je hais cette expression et vous ne la redirez plus jamais, San-San ! « Vous AVEZ tout pour ÊTRE heureux. Vous AVEZ tout pour ÊTRE. » Il faut avoir pour être heureux, alors quoi, à partir du moment où on a un logement, des rideaux, on n'a pas le droit de se plaindre, on est heureux, mais selon qui ? La déprime, c'est autorisé en dessous de quel salaire mensuel ? Qui a établi le guide officiel du bonheur à partir duquel des tas de gens se fourvoient et construisent leur même petite vie de merde ?!

SANDRINE. – Déjà, calmez-vous. Je vous promets, je ne la redirai plus jamais…

> *Un temps.*
> *Antoine se sert une coupe de champagne et lui en propose une.*

ANTOINE. – Une coupette ?

SANDRINE, *guillerette*. – Normalement, je ne bois pas trop… parce que j'ai l'alcool un peu…

ANTOINE. – … triste ?

SANDRINE. – Non, un peu…

ANTOINE. – L'alcool mauvais, violent ?

SANDRINE. – Non plus. Ben disons que j'ai l'alcool… euh… un peu… bizarre. Bon, mais là, j'accepte parce que cette soirée est atypique ! *(Regardant autour d'elle.)* Hé ! mais vous voyagez beaucoup : toutes ces cartes, partout, là… *(Elle désigne un mur.)* C'est dingue ! Waouh ! J'ai été très longtemps avec un type comme vous, enfin non, je veux dire qui voyageait beaucoup, aussi, qui aimait voir du pays…

ANTOINE, *piqué.* – Je vois très bien, le style marin, grand voyageur, baroudeur… Ils nous font beaucoup de tort, ceux-là. Avec leur gueule de raisin sec et leur allure insaisissable…

SANDRINE. – Pas du tout !

ANTOINE. – C'était une caricature, comme ça… J'en ai connu beaucoup des raisins secs… Enfin des voyageurs, quoi !

SANDRINE. – Eh ben, c'est bien ça, de voyager, c'est génial !

ANTOINE, *gêné.* – C'est vrai, je voyage énormément, j'ai fait tous les pays du monde… en carte postale. C'est un excellent moyen de transport la carte postale : pratique, économique, pas de vaccins, on ne chope pas la tourista…

SANDRINE, *très embêtée.* – Ce sont vos amis qui voyagent qui vous écrivent ?

ANTOINE, *mal.* – J'ai pas d'amis.

SANDRINE, *tente timidement.* – Vous n'avez pas d'amis ? *(Antoine ne dit rien.)* Une copine ? Vieille ? Enfin, je veux dire une vieille copine ?

ANTOINE. – Non.

SANDRINE. – Quelqu'un sur qui on peut… *(Il suffit qu'elle le regarde.)* Non plus. Pas de petite amie, pas d'amoureuse, non, évidemment ! *(Antoine ne dit rien.)* Mais euh… vous avez bien connu l'amour, quand même ?

ANTOINE. – Jamais.

SANDRINE. – Un p'tit coup de cœur ? *(Antoine hoche la tête négativement.)* Une amourette ? *(Antoine hoche la tête négativement.)* Un bisou !

ANTOINE. – Même pas un bisou, rien !

Sandrine pouffe de rire.

SANDRINE, *hallucinée*. – Je ne vous crois pas, c'est pas vrai ! C'est dingue ! Je peux faire une photo ? *(Se reprenant.)* Euh… c'est triste, super triste. *(Elle se dirige vers la fenêtre. Elle compose un numéro sur son portable, à moitié là, à moitié au téléphone.)* Vous pouvez très bien rencontrer quelqu'un même ce soir, vous n'êtes pas à l'abri d'une rencontre…

ANTOINE. – Ah oui ? Qui ?

SANDRINE, *soupirant*. – Vivaldi !

ANTOINE, *ne comprenant pas*. – Vivaldi ?

SANDRINE. – Non, c'est cette putain de musique d'attente de merde pour les taxis. « Les Quatre Saisons ». Toutes chiantes ! Toutes chiantes ! Même l'été qu'on attend avec impatience, eh ben quand il arrive, il est pénible, ça me fatigue… Pff… *(Elle souffle et écoute.)* Ah ! c'est peut-être votre jour de chance, il faut rappeler ultérieurement, on dirait que le destin a des complices ce soir. Pas de taxi, pff, rien… Dites donc, ils sentent vos rideaux ! Faut laver de temps en temps, les rideaux aussi.

ANTOINE. – « Il passe au pressing faire dégraisser ses rideaux juste avant de se donner la mort. » *(Ironique.)* Intéressant… *(Réfléchissant.)* Mais c'était bien tenté de votre part, le coup du pressing, pour me réinscrire dans un quotidien, me permettre de tenir jusqu'à lundi sans mourir. Vous avez cru que je n'allais pas me souvenir que je serai mort demain ? C'est ça ?! Sauf que ma décision est prise, San-San, et ce ne sont pas des doubles-rideaux qui vont me redonner goût à la vie.

SANDRINE. – Ah non ! C'était pas ça. *(Brutalement intéressée par la fenêtre.)* Hé ! Y a un taxi qui dépose des gens, là ! Putain, y a un taxi, là, il dépose des gens, vite ! *(Elle ouvre un demi-battant de fenêtre et essaie de se pencher pour appeler. Elle hurle.)* Taxi !!! Monsieur !!! Il ne m'entend pas, vous ne voulez pas aller le retenir ? Taxi !!! Parce que moi, avec toutes mes pattes… Vous pouvez ? Vite, pendant que les gens paient ! Vite ! Vite !

Antoine, paniqué à l'idée qu'elle puisse réellement partir, essaie une ultime botte secrète.

ANTOINE. – Oui, d'accord, mais un bisou !

SANDRINE, *se retournant.* – Quoi ?

ANTOINE. – Donnez-moi un bisou.

SANDRINE. – N'importe quoi ! Dépêchez-vous ! Là, il va partir…

Antoine ne bouge pas.

ANTOINE, *désignant sa bouche avec le doigt.* – Vous aussi, dépêchez-vous ! C'est quoi un bisou dans votre vie pour quelqu'un que vous n'allez jamais revoir ?

SANDRINE. – Bah, quand même… C'est intime, c'est pas rien, ça ne se donne pas au premier venu comme ça.

ANTOINE. – Allez, un bisou, quoi, ça va, vous n'êtes pas Madonna non plus !

Sandrine lui donne un smack. Il s'arrête, la regarde et sort en courant de l'appartement. On entend qu'il descend quatre à quatre les escaliers. Sandrine souffle, sort de la fenêtre et prend son sac. Elle regarde l'appartement. Elle regarde le mur de cartes postales, curieuse. Elle est attirée par une des cartes. Elle la décroche rapidement et la cache dans son sac. Elle va pour partir et croise Antoine essoufflé.

ANTOINE. – Le taxi vous attend, dépêchez-vous ! Et merci encore pour le bisou. Sans vouloir vous vexer, faut que je me trouve une autre raison de vivre parce que bon… Et dire que j'ai failli rempiler pour trente ans de vie ! Rien que pour trouver ce pauvre truc. Merci de m'avoir éclairé, franchement ça ne valait pas la peine !

SANDRINE, *piquée*. – Bah, c'est pas très sympa de dire ça, vous allez finir par me vexer ! On va dire que c'était un brouillon, une esquisse, un croquis. Bon, allez, cette fois-ci, j'y vais. *(Gênée.)* Eh bien, merci ! J'étais ravie d'avoir fait votre connaissance. Enfin, ça va aller… Vous avez mon numéro, n'hésitez pas à m'appeler dès que ça va… euh… bien. Sur ce, j'y vais ! Allez, bonne soirée ! Je vous descends une poubelle.

> *Elle tourne les talons, il l'aide à passer l'embrasure de la porte. Elle s'en va.*

ANTOINE, *portant la voix dans le couloir*. – Et bonjour à Chou farci et Œuf mayo !

> *On entend Sandrine pouffer de rire au loin.*
> *Antoine se retrouve seul. Il a l'air très embêté.*

SANDRINE, *off*. – Je n'y manquerai pas !

ANTOINE, *pour lui*. – Et merde ! Et merde ! Con, lâche, sans courage, nul, mou, moche, piteux, aigri, une merde… une merde… avec des lunettes… *(Au bord des larmes.)*… pour mieux voir sa vie de merde.

Il débarrasse la table. En fait, il débarrasse les coquilles d'huîtres du plat comme dans une poubelle, mais directement par terre. Ça le fait sourire. Il allume la radio.

Voix animateur radio 3, *bâillant.* – 3 765, 3 764, 3 763, 3 762, 3 761, 3 760…

Antoine fredonne le compte à rebours en même temps que la voix métallique radio, comme s'il connaissait la chanson, avec des intentions particulières à chaque fois puis, angoissé par ce temps inexorable, il change de station de radio et s'arrête sur une musique sympathique. Il est triste.
On sonne violemment à la porte. Rapidement, Antoine éteint la radio et se dirige vers la porte.

Antoine. – Oui, c'est qui ?

Sandrine, *off, violemment.* – C'est Sandrine !

Antoine, *regardant par l'œilleton, léger.* – Ah ! un représentant en bras ! Non merci, j'en ai déjà deux !

Il commence à ouvrir la porte qu'elle défonce furieusement en entrant dans la pièce comme une furie.
Elle brandit la carte postale qu'elle a volée et la lui colle sous le nez.

Sandrine, *fulminant.* – C'est quoi, ça ?!

Antoine, *déstabilisé, regardant la photo.* – Euh… c'est une île ? Les Maldives ou les Seychelles ?

Sandrine. – Arrêtez de me prendre pour une conne ! C'est quoi, ça ?!

Antoine. – Une carte postale…

Sandrine. – Adressée à qui ?

ANTOINE, *péteux.* – Euh… je ne sais pas. *(Sandrine le fusille du regard.)* À vous.

SANDRINE. – Et qu'est-ce que ça fait là ?!

ANTOINE, *décontenancé.* – Elle… Elle s'est perdue.

SANDRINE. – Elle vient de qui ?! Elle vient de qui, la carte ?!

ANTOINE. – Euh… je ne sais pas là…

SANDRINE, *en rage.* – De mon ex dont je n'ai plus de nouvelles depuis deux ans et demi ! De l'amour de ma vie ! Qu'est-ce que ça fait ici ?!

ANTOINE. – Calmez-vous, je vais tout vous expliquer, mais calmez-vous, asseyez-vous. J'ai pas eu le courage, mais c'est pour ça que je voulais que vous soyez là ce soir…

SANDRINE, *lisant la carte, énervée, contenant son émotion.* – « San-San, je suis désormais aux Maldives, toujours sans nouvelles de toi. Tu me manques tant. Alors, tu fais quoi ? Tu viens ? Je t'attends. Chiche ?! Patrick. »

> *Elle se laisse littéralement tomber sur la chaise, submergée. Il s'approche d'elle, essaie de lui mettre la main sur l'épaule, qu'elle repousse violemment.*

ANTOINE. – Voilà, je voulais vous dire que je suis votre facteur… Et c'est vrai que j'ai intercepté quelques courriers vous étant adressés… *(En entendant ces mots, Sandrine se lève et fonce vers le mur, où elle arrache une à une les cartes postales, en les retournant à la hâte, balançant celles qui ne la concernent pas.)* Attendez, attendez, toutes ne vous concernent pas non plus. Seulement… seulement les trois quarts.

> *Folle, Sandrine continue à tout décrocher, gardant les cartes qui lui sont adressées.*

SANDRINE. – Les trois quarts ? Mais vous êtes dingue ! Mais il est malade ! Je suis chez un malade ! Pourquoi vous faites ça ? Je… Ça fait deux ans que… Je viens à peine de me remettre de la séparation… C'était l'amour de ma vie ! *(Elle suffoque presque en relisant une autre carte.)* Il aurait suffi qu'il claque des doigts pour que j'arrive ! Mais c'est fou ! Vous êtes fou ! C'est un dingue !

ANTOINE. – Une coupette, peut-être ?

> *Il sert un verre qu'elle lui arrache des mains en le buvant cul sec. Elle s'assoit.*

SANDRINE. – Alors maintenant, je ne sors pas d'ici avant une explication. *(Elle hurle.)* Tout de suite !

ANTOINE. – Oui, oui, bien sûr. Il faut dire que maintenant, nous, à La Poste, on a de moins en moins de vrai courrier, enfin de lettres, parce qu'avec les textos, les mails, les gens ne s'écrivent plus, c'est dommage d'ailleurs, et je le déplore, le style épistolaire n'exi…

SANDRINE, *le coupant.* – Je me fous de l'histoire de La Poste !

ANTOINE. – Ne m'interrompez pas, s'il vous plaît. C'est déjà assez difficile comme ça. Un jour, c'était il y a deux ans et demi, je crois, ou peut-être trois, un tout petit paquet, mal ficelé, trop rempli, parfumé, pas assez affranchi et percé, attire mon attention. J'essaie de mettre du scotch afin que la destinataire en ait tout le contenu, on a une éthique… *(Sandrine pouffe.)* Et finalement, patatras ! Il cède dans mes doigts. Dedans, il y avait du sable fin, des gousses de vanille, des coquillages et une lettre. *(Sandrine l'écoute, attentive et sur ses gardes.)* C'est là, à ce moment précis, que j'ai fait une erreur : je l'ai lue. Comme c'était une très jolie lettre d'amour, et que je n'ai pas le droit d'ouvrir le courrier, on a une éthique, à La Poste… j'essaie de la remettre à la hâte dans une enveloppe après avoir discrètement corrigé quelques fautes, mais mon café se renverse dessus, tachant la moitié du texte. Je décide donc de la faire sécher à la maison pour qu'elle soit lisible, et de vous la renvoyer plus tard.

SANDRINE. – Oui, et après ?

ANTOINE. – La jeune personne pour qui on faisait l'effort d'écrire, et à qui on écrivait tout ça, devait être certainement quelqu'un de bien, d'extraordinaire, digne d'amour.

SANDRINE, *sentant venir les choses*. – Oui, abrégez.

ANTOINE. – J'ai commencé à m'intéresser à cette personne qui suscitait l'inspiration. À San-San, quoi.

SANDRINE, *entre ses dents*. – Pas « San-San » !

ANTOINE. – Je n'ai jamais renvoyé la lettre. Pire, j'avais envie d'en lire d'autres, vous concernant. J'ai commencé à vous fantasmer, et à subtiliser çà et là quelques courriers vous étant adressés, alors pas tous, sinon ça allait trop se voir, du coup j'en ouvrais certains que je vous redistribuais après. Vous m'avez bien aidé, vous êtes totalement bordélique et, du coup, n'avez rien remarqué… Une petite lettre de temps en temps, une bien choisie, qui m'aide à bien vous cerner, à compléter le portrait. Et au fil des factures détaillées de téléphone, cartes postales des copains, bulletins de salaire, abonnement au club de gym, Fnac, Géo… relevés de banque, soldes presse, Trésor public, catalogues la Redoute… je me suis fait une image de vous assez… précise… et au fur et à mesure… *(Un temps.)*… je suis tombé littéralement amoureux de vous…

Essayant de ne pas s'attendrir sur lui, Sandrine le coupe.

SANDRINE. – Elle est où, cette lettre, la première lettre, elle est où ?!

Antoine est penaud. Il désigne le petit paquet sous le sapin puis va le chercher et le lui donne pudiquement en s'écartant, histoire de respecter son émotion.

ANTOINE. – Joyeux Noël, pas San-San.

Sandrine ouvre la lettre. Elle regarde les coquillages, sent l'enveloppe et commence à lire tout bas.

SANDRINE. – « San-San, je suis parti pour Tahiti comme nous l'avions rêvé. Je suis un égoïste qui a un besoin viscéral de se perdre dans le monde pour se retrouver, lui. Mais le monde, San-San, sans toi, il a quand même moins de charme, San-San, sans toi, il est quand même moins beau, San-San, sans toi, moins drôle, San-San, sans toi et finalement trop grand, San-San, sans toi. » *(Pour elle.)* Ça fait beaucoup de « San-San » quand même.

ANTOINE. – Et encore, j'en ai enlevé…

SANDRINE. – Tssst ! « Nous ne méritons pas la même petite vie que tous les autres, San-S… Viens, souviens-toi. Je t'aime. » *(Elle lit la dernière phrase, on peut observer qu'Antoine la connaît par cœur et qu'il murmure en même temps qu'elle.)* « Le monde a besoin de toi, et moi aussi. Nous t'attendons sagement, radine ta fraise. Allez, chiche ? Patrick. » *(Dans les larmes.)* Il signe toujours comme ça, parce qu'il s'appelle Patrick Chiche… *(Elle entend Antoine répéter les deux derniers mots avec elle et le fusille du regard. Elle est émue. Antoine ne sait pas où se mettre.)* Vous m'avez volé ma vie. J'avais peut-être une seule chance d'être heureuse dans ma vie et vous me l'avez fait rater.

ANTOINE. – Oui, j'ai… j'ai fait tout rater, oui.

SANDRINE. – Vous me devez deux ans d'amour !

ANTOINE, *timide*. – Je peux vous rembourser en plusieurs fois ? Une sorte de crédit sur vingt ans ?

SANDRINE, *estomaquée*. – Je vais vous faire un procès ! J'appelle mon avocat dès lundi, je ne vais pas me laisser faire. C'est contraire à l'éthique de votre métier, c'est immoral… C'est honteux ce que vous avez fait. Vous allez être viré, licencié, et vous serez bien attrapé ! *(Antoine hausse les épaules pour dire que « peu importe ».)* Oui, alors pour vous aussi, c'est facile, sous prétexte que vous allez vous foutre en l'air, vous n'en avez plus rien à faire de rien, alors forcément, on vole des camionnettes, on fout la vie des autres en l'air, on accroche des tours Eiffel à la fenêtre et on se mouche dans les rideaux !

ANTOINE. – C'est le privilège de celui qui n'a plus rien à perdre. Vous savez, Sandrine, ce que j'ai fait, je ne l'ai pas fait pour vous faire du mal… C'était pour me faire du bien.

SANDRINE. – Vous vous prenez pour qui ? Pour Dieu le Père, pour changer le cours des choses, comme ça ?

ANTOINE, *bas*. – De toute façon, il n'y a pas plus ennuyeux que « le cours des choses »…

SANDRINE. – Votre « cours des choses », peut-être, mais le mien, il était génial… Et puis de toute façon, ça ne vous regarde pas ! *(Elle regroupe toutes les cartes à la hâte.)* Je m'en vais, je récupère mes deux dernières années, merci !

Elle tourne les talons et va pour passer la porte.

ANTOINE, *mal*. – Patrick s'est marié.

SANDRINE. – Quoi ?

Elle met la main sur sa bouche. Et encaisse.

ANTOINE. – C'est la dernière carte qu'il vous a envoyée, il y a trois mois. *(Sandrine passe en revue toutes les cartes qu'elle avait décrochées en vitesse.)* Regardez, c'est Bugs Bunny et sa lapine.

Sandrine hausse les épaules, la prend, l'ouvre. On entend « La Marche nuptiale » version carte gadget.

SANDRINE, *lisant dans sa barbe*. – « San-San, sans toi, je me marie. Na, na, nanin, nanana… sois mon témoin… » *(Un temps.)* Mais pourquoi me raconter tout ça ?! Fallait pas me le dire ! C'est stupide et égoïste ! Si vous ne me l'aviez pas dit, à l'heure qu'il est, je serais tranquillement en train de danser avec…

ANTOINE. – … un gratin de courgettes…

SANDRINE. – Et pourquoi ?! Si ça se trouve, c'était le gratin de courgettes de ma vie !

Sandrine va pour partir, mais se retourne et change radicalement de plan.

ANTOINE, *abasourdi*. – Qu'est-ce que vous faites ?

SANDRINE, *faisant irruption dans la pièce, folle de rage*. – Ce que je fais ? Je change le cours des choses !

ANTOINE. – C'est-à-dire ?

Sandrine prend tranquillement une chaise qu'elle isole de la table.

SANDRINE. – Eh bien, disons que dans la vraie vie, je serais partie en me disant que vous êtes un fou, vous auriez certainement fini par vous suicider un jour ou l'autre, je n'en aurais rien su mais j'aurais eu du mal tout de même à me remettre de ce cauchemar et puis, finalement, eh bien, finalement, le cours des choses aurait fini par reprendre le dessus. *(Violente, désignant la chaise.)* Pas bouger !

ANTOINE, *surpris*. – Ah ! euh… oui, d'accord… Et alors ?

Il s'exécute. Tout en continuant à parler, elle déroule une guirlande du sapin et fait le tour d'Antoine sur sa chaise pour l'attacher, membre par membre, avec le seul et même fil. Il est surpris mais se laisse faire. La guirlande reste branchée.

SANDRINE. – Et alors, c'est compter sans ma curiosité… sans mon brin de folie. Vous devriez pourtant le savoir… *(S'énervant sur sa guirlande.)* Ça s'attache mal ces trucs-là… de merde ! Votre pied, tu le colles à la chaise, O.K. ?

ANTOINE. – O.K.

SANDRINE. – L'autre aussi !

ANTOINE. – Mais euh… vous faites quoi, là ?

SANDRINE. – Ça ne se voit pas, connard ? Je vais te torturer !

Elle galère avec la guirlande.

ANTOINE. – Très bien, d'accord, Sandrine… Mais on se tutoie ?

SANDRINE. – Ça va mieux avec « connard », tu ne trouves pas ?!

ANTOINE. – Alors moi, je… je vous vouvoie… je préfère.

SANDRINE, *ironique*. – Bah oui, c'est une marque de respect, j'imagine ! *(Toujours sur sa guirlande.)* Fait chier, ce truc, là !

ANTOINE. – Je peux peut-être vous donner un petit coup de main, non ? *(Il regarde la guirlande qui pose problème à Sandrine, timide.)* La bleue, elle se divise en deux, là… Il faut séparer les deux côtés… Voilà, très bien. *(Sandrine peste.)* Parce que là, on est quand même très très loin de Guantánamo… J'ai plutôt la sensation de me faire « enguirlander ». *(Il réprime un rire en voyant la tête sans équivoque de Sandrine.)*

SANDRINE. – Stop les métaphores, jeux de mots, allégories pourries. D'accord ? Alors maintenant, à chaque figure de rhétorique, c'est un euro, et les citations deux ! Alors tu mets quatre euros dans la cagnotte et tu adoptes une tête de circonstance, s'il te plaît !

ANTOINE. – J'ai toujours eu une tête de circonstance. Circonstance atténuante, même.

SANDRINE. – Qu'est-ce que je viens de dire ? *(Un temps.)* T'as du scotch quelque part ?

ANTOINE, *l'aidant*. – Euh… oui, là, dans le placard, là… À droite… Non, plus bas, juste derrière le service à raclette… Ouais, derrière… D'ailleurs, il est à vous : cadeau France Loisirs… *(Se souvenant.)* « Bravo madame Ménard, vous avez gagné ce superbe service duo-raclette, pour des soirées en amoureux… »

Sandrine lui scotche la bouche avec le rouleau qu'elle a trouvé.

SANDRINE. – T'inquiète, je ne vais pas te faire mourir, même si ça t'arrangerait, noooon, je vais te faire souffrir ! *(Épelant.)* S-O-U-F-RIRE.

ANTOINE, *la bouche scotchée*. – Y a deux « f » à « souffrir ».

SANDRINE. – Tais-toi ! C'est à moi de parler maintenant ! Tu sais ce que c'est que de se faire plaquer par l'amour de sa vie qui ne donne plus de nouvelles ? L'abandon, t'as vécu ça ? *(Mauvaise.)* Bon, d'accord, c'est un mauvais exemple, tu dois savoir ce que c'est ! T'es typiquement le mec qu'on abandonne dans un panier sur un fleuve à la naissance, mais qui continue de flotter à trente-cinq ans dans son couffin trop petit en osier, parce que personne, tu m'entends, PERSONNE ne voudrait le récupérer ! Et encore moins pour fonder Rome ! *(Elle part dans un rire hystérique.)*

ANTOINE, *timide et presque inaudible*. – Pardon.

SANDRINE. – Pardon ?

ANTOINE, *acquiesçant.* – Je vous dis pardon…

SANDRINE. – Il faut que je trouve une équivalence physique à la douleur morale que vous m'avez infligée. *(Elle cherche.)* Je pourrais vous énucléer avec une pince à escargots. *(Pour elle.)* Non, c'est pas bien, ça… Je pourrais repasser vos fringues, mais SUR vous ! Vous faire jouer à colin-maillard au bord de la falaise d'Étretat… Pire, je pourrais vous faire écouter du zouk pendant dix heures sans discontinuer, parce que c'est joyeux, c'est beau et ça fait rire les oiseaux !

ANTOINE. – Excusez-moi, mais vous devriez ralentir sur l'alcool, vous allez tomber… Ça se mélange mal avec le Xanax…

SANDRINE. – Comment vous savez que je suis sous anxyolitiques ?

ANTOINE. – Les remboursements de la Sécu.

SANDRINE, *abasourdie.* – Ah ouais, d'accord… Ah ouais, quand même… *(Vaincue, elle s'assoit.)* Bon, alors, allez-y. À quoi je ressemble, selon La Poste ?

ANTOINE. – Vous voulez vraiment savoir ?

SANDRINE. – Han-han…

ANTOINE. – Alors, selon La Poste, évidemment, vous êtes une jeune femme qui roule en scooter comme un petit bolide, à en croire tous les PV que vous recevez. Et les factures de Depan'2Roues. Bordélique, à en croire toutes les relances que vous recevez : redevance, impôts, factures…

SANDRINE, *abasourdie.* – Ouais…

ANTOINE. – Euh… suite au gros chagrin d'amour sur lequel… *(Sandrine montre les dents.)*… nous ne reviendrons pas, vous avez été tour à tour boulimique, anorexique… et repliée sur vous-même, vous l'avez dit, euh, dépression, quoi : des notes de téléphone fixe les jours où vous deviez travailler, ça m'a fait de la peine.

SANDRINE. – Pas de commentaires.

ANTOINE. – Ah! mais je vous ai aidé, à ma manière, je vous mettais plein de prospectus dans votre boîte, tantôt pour des pizzas à emporter, des plateaux sushis, tantôt de nouveaux régimes, des clubs de sport. C'est même grâce à moi que vous êtes retournée à la piscine…

SANDRINE. – Hein ?!

ANTOINE. – J'ai fait le forcing, tous les jours, vous aviez le mailing de la piscine du quartier tous les jours pendant cinq mois et demi, le même dans votre boîte…

SANDRINE. – Ah ouais…

ANTOINE. – Ça a fonctionné comme un message subliminal. Vous imaginez ma joie quand enfin j'ai reçu votre formulaire d'abonnement. *(Il revit le soulagement.)*

SANDRINE. – Je dois vous remercier, c'est ça ?

ANTOINE. – Vous avez, après cette période de deuil sentimental sur lequel nous ne reviendrons pas, entamé une période de célibat que je qualifierais… d'active.

SANDRINE. – Comment vous savez ça ?

ANTOINE, *connaisseur*. – Il y a des numéros qu'on utilise qu'après une heure du mat' régulièrement : c'est rarement la Cofidis, et si on croise les informations avec celles des relevés de CB dans les bars et les taxis, ça se confirme, et alors, si on veut être encore plus pointu, on fait des recoupements avec les analyses des laboratoires et on se dit que cette période-là, c'était du grand n'importe quoi !

SANDRINE, *abasourdie*. – Bah oui ! J'ai essayé de combler un immense désert affectif par une forêt amazonienne de… bites !

ANTOINE. – Métaphore vulgaire, c'est plus cher, Sandrine.

SANDRINE. – J'ai les moyens !

ANTOINE. – Il m'a semblé aussi. Je reprends, vous permettez ?

SANDRINE. – Je vous en prie.

ANTOINE. – Toujours selon La Poste, donc : vous avez des tas d'amis, surtout des garçons, et vous êtes comme un pote, d'ailleurs ils vous envoient des cartes postales assez affligeantes et souvent lamentables. *(Il désigne une carte qu'elle a dans son tas devant elle.)* Regardez, celle-là, particulièrement… la femme nue sur les skis.

SANDRINE, *lisant*. – « Vive les sports de glisse ! » *(Sèche.)* Moi, je trouve ça hilarant. Continuez.

ANTOINE. – Encore selon La Poste, vous êtes une jeune femme mignonne et dynamique, vous travaillez dans une maison de disques, un super boulot, vous avez plein d'invitations pour tout un tas de spectacles, concerts et autres… Vous êtes abonnée à tout et n'importe quoi sans discernement : déco, animaux, voyages, bricolage, même épilation définitive ce qui ne nécessite pas d'abonnement, vous en conviendrez. Vous êtes une abonnée compulsive ! Vous remplissez votre vie de vide.

Sandrine, qui buvait le champagne au goulot, pose la bouteille violemment sur la table et se lève.

SANDRINE, *en rage*. – Mais je ne vous permets pas ! C'est de la curiosité malsaine, du fétichisme, de la perversion ! *(Folle.)* Vous vous êtes tripoté la nouille sur mes relevés de banque, mon cochon !

Sandrine compose un numéro sur son téléphone et attend.

ANTOINE. – Vous faites quoi, là ?

SANDRINE. – Ce que j'aurais dû faire dès le début : j'appelle la police. Je suis d'accord, c'est en dessous, c'est petit, c'est attendu, ça ne nous ressemble pas, mais c'est comme ça. *(Elle prend une gorgée de champagne pour se donner de l'élan. Et commence à faire les cent pas, sûre d'elle, autour d'Antoine. Elle réprime un sourire.)* Allô ! La police ? *(Elle réprime un relent d'alcool.)* Oui, bonjoir… bonjour… soir monsieur… Madame, pardon… Oui, bien sûr, j'attends… *(Elle souffle et, en faisant sa ronde, appuie sans faire exprès avec son pied sur l'interrupteur de la guirlande qui allume Antoine par intermittence. Elle s'impatiente gentiment, mais essaie de ne pas se décomposer vis-à-vis d'Antoine.)* Oui, allô, bonsoir, monsieur… *(Elle fait sa maligne pour Antoine.)* Alors, voilà, il se trouve que je suis avec un monsieur qui m'a volé des lettres, ouais, beaucoup, et des cartes postales, très importantes, et aussi des prospectus !… Oh ! ben il y a deux ans et… Oui, oui, je… j'attends, j'attends… *(Pour elle.)* Mince, j'ai oublié de lui dire pour le service à raclette ! *(À Antoine.)* T'as de la chance ! *(Antoine commence par être amusé de la situation.)* Oui, bonjour, messieurs-dames, j'expliquais à votre collègue que j'ai retrouvé un monsieur qui m'a volé une grande partie de mon courrier pendant deux ans voire plus, et bon, dit comme ça, ça n'a pas l'air d'être important, mais il se trouve qu'une partie de ce courrier qu'il a donc volé, a changé ma vie, mais pas en super bien et alors, là, figurez-vous que… Non, non ! Pas de danger immédiat, oui, mais du danger quand même… Je me comprends… J'attends, j'attends, mais… *(Elle est sur attente. Elle est très énervée et fait les cent pas.)* Allô ! Allô !… Pff… *(Puis elle entend quelqu'un au bout du fil.)* Ouais, monsieur ! Je disais donc à vos collègues qu'un homme de taille européenne, sexe moyen, m'a volé des cartes postales !… Oui, monsieur !… Non !… Tout à fait, l'individu est immobilisé. Il est là, en face de moi, il clignote même…

Qu'est-ce que j'entends par là ? Eh bien, monsieur, j'entends qu'il s'allume et qu'il s'éteint par intermittence, et donc je le séquestre parce qu'il m'a volé des lettres, vous m'entendez ! Des cartes et le service duo raclette !... Oui, monsieur... Non, non, je n'attends plus, là... *(Autoritaire.)* Il m'a violée, non pas comme vous l'entendez, mais c'est presque pareil, enfin je me comprends... Patrick, mon amour, m'a écrit un courrier définitif pour que je le rejoigne, et je ne l'ai jamais reçu, jamais, vous n'avez pas l'air de bien comprendre... *(Antoine lui fait des grands signes de la tête pour qu'elle raccroche. Elle continue. Elle ne voit pas Antoine qui se défait de ses liens non sans une certaine facilité, et se met debout calmement. Il arrive au niveau de Sandrine qui continue son speech.)* Comment ça me plaindre à La Poste ?! Mais j'y suis à La Poste ! Enfin, euh...

Antoine lui prend le portable des mains. Sandrine est médusée.

ANTOINE. – Bonjour, monsieur. Excusez-la, mais nous avons un petit peu bu, désolé du temps qu'on vous a fait perdre. Au revoir. *(Il raccroche. Il regarde Sandrine.)* Je me rattacherai après, si vous voulez, mais là, il faut que j'aille aux toilettes.

Il part aux toilettes. Sandrine en reste bouche bée. Elle le regarde, sournoise, mais bizarrement moins sûre d'elle depuis qu'il n'est plus attaché.

SANDRINE. – Pourquoi vous avez raccroché ? Ça fait dix minutes qu'on essaie de les avoir ! Pourquoi vous avez fait ça ? C'était presque bon, là... Je les rappelle.

ANTOINE, *placide*. – Si j'étais vous, je ne rappellerais pas...

SANDRINE. – Bah, pourquoi ?

ANTOINE. – Réfléchissez : tout vous accable.

SANDRINE. – Hein ?

Antoine va vers les placards chercher du pain, du beurre, un couteau et du jambon dans le frigo. À chacun de ses mouvements, elle tressaute comme s'il le faisait contre elle, mais pas du tout.

ANTOINE. – C'est le jour de l'An !

SANDRINE. – Et alors ?

ANTOINE. – Et alors le jour de l'An, c'est le soir où ils font leur chiffre d'affaires de l'année : 350 comas éthyliques, 43 agressions, 25 voitures brûlées et un monsieur qui a volé des cartes postales vulgaires et un service à raclette il y a deux ans ! Vous voyez le truc ou pas ?

SANDRINE. – Pff… *(Se rendant compte.)* Ouais, ben c'est pas ma faute si…

ANTOINE. – De plus, vous leur dites que vous me séquestrez, que je clignote… Cette conversation est enregistrée et, s'ils se déplacent, ça sera pas pour moi, mais pour vous.

SANDRINE. – Bah, euh… non… quand ils sauront que…

ANTOINE. – Et si je veux être vraiment pervers, je déguise mon suicide de tout à l'heure en meurtre.

SANDRINE, *l'écoutant, puis réalisant*. – Mais…

ANTOINE. – C'est pas très dur, vous avez mon numéro, il y a vos empreintes partout, des guirlandes au rideau… des coups de sac un peu partout. Je prends ce couteau à huîtres pour me couper les veines, vos empreintes sont dessus, des témoins vous ont entendue hurler, d'autres vous ont vue dans le couloir, perturbée, le taxi vous a prise et ramenée folle de rage. Vous empestez l'alcool. Tout vous accuse.

SANDRINE. – Ah ouais ? Et alors ?

ANTOINE. – Et alors, si vous ne voulez pas passer les cinq prochaines années en taule, ou même les cinq heures de cette nouvelle année en garde à vue, vous vous asseyez, vous vous taisez, vous m'écoutez… *(Lui imposant une corbeille de pain sous son nez et hurlant tout à coup.)*… et vous mangez du pain et du jambon !

SANDRINE, *secouée, et du coup en redescente.* – Un chantage au sandwich…

ANTOINE. – Pour éponger. Tartinez, et moi je vous explique. Tartinez. Je suis impardonnable pour vous, et je n'ai pas grand-chose à vous proposer, mais je me dis que si on écrit à Patrick tous les deux, si je lui explique que je suis entièrement responsable de la fin de votre histoire, il comprendra. De plus, un rebondissement comme ça, dans une histoire comme la vôtre, ne fait que renforcer, transcender, sublimer…

SANDRINE, *pas convaincue.* – Mouais…

ANTOINE. – Vous savez bien que l'amour, on en parle bien qu'au passé et au futur… Avec un peu de chance, vous, vous aurez les trois temps : je t'aimais, je t'aime et je t'aimerai. *(Sandrine n'est pas insensible à ses arguments et surtout sa façon de voir les choses, mais a du mal à être aussi motivée.)* Alors, chiche ?

SANDRINE, *mordant dans le sandwich, puis s'attelant à la confection d'un autre.* – Chiche. Mais qu'est-ce qu'on fait du loukoum à collier ?

ANTOINE. – Qui ?

SANDRINE. – Sa femme.

ANTOINE. – Un détail.

SANDRINE. – Et peut-être ses gosses.

ANTOINE, *motivé*. – Oui, et sans doute aussi un prêt à 4 % sur 20 ans, une véranda, la saison 6 de « Desperate housewives », tout ça n'est que détail par rapport à l'amour de sa vie. « Je t'aimais, je t'aime, je t'aimerai.» *(Il fouille dans son bureau, ses tiroirs, pour trouver du papier et un stylo. Il s'installe à l'autre bout de la pièce, sur une sorte de secrétaire.)* Vous n'allez plus à votre soirée ?

SANDRINE. – Non.

ANTOINE. – Ça m'embête quand même pour votre costume… Vous avez mis beaucoup de temps et puis du cœur surtout.

SANDRINE. – Je le donnerai à des pauvres !

ANTOINE. – Qu'est-ce qu'ils vont bien pouvoir en foutre ?

SANDRINE. – Ça tient chaud.

ANTOINE. – Faut juste qu'ils préfèrent mourir de ridicule que de froid. Bon, alors j'y vais. *(Il dicte tout haut en même temps qu'il écrit.)* « Patrick… »

SANDRINE, *le reprenant*. – « Patoune » ! Quand je lui écris, je commence par « Patoune »…

ANTOINE. – C'est moi qui lui écris, vous rajouterez autant de « Patoune » que vous voulez en post-scriptum. Je reprends. *(Écrivant et lisant en même temps à haute voix.)* « Cher Patrick, je suis Antoine, facteur dans le 10ᵉ arrondissement de Paris. Petit facteur sans histoires si ce n'est celles des autres, car je l'avoue, je vis par procuration l'histoire des gens. Au fil des courriers que je leur vole, que j'ouvre, que je lis, que je respire, que je commente, que j'épluche, que je corrige, que je dévore, que je froisse, que je lèche, que je décachette, que je collectionne… »

Sandrine, *désignant la tirelire*. – Putain, c'est le bingo dans la cagnotte à métaphores !

Antoine. – « Il se trouve que toutes les lettres que vous avez envoyées à San-San ne lui sont jamais parvenues avant aujourd'hui. J'ai donc été comme une déviation sur la route du bonheur qui vous était toute tracée. J'en suis confus, désolé, et tous les synonymes qu'on peut trouver n'atténueront pas votre blessure et je vous demande pardon pour cela… » *(Tournant la tête vers Sandrine.)* Et les cornichons ?

> *Sandrine, qui ne le voit pas tourner la tête, pense qu'il continue la lecture.*

Sandrine. – C'était pas mal jusqu'aux cornichons… Les cornichons, j'ai pas compris.

Antoine. – Non, vous avez mis des cornichons dans mon sandwich ?

Sandrine. – Ah… euh… non… J'en prends dans le frigo ?

Antoine, *survolant la lettre*. – Oui. Alors… Na na na na… « Et quand je vois San-San si naturelle, si gaie, si entière, si drôle, si folle, si belle, si vivante, au fond, je me dis… enfin… *(Au fil de la description, Sandrine écoute, troublée. Au bout du troisième adjectif, elle ralentit ses gestes et boit une grande lampée de champagne.)*… je réalise le vide qu'elle doit laisser, dès qu'elle n'est plus là. » Et voilà. *(Se reprenant.)* Vous voulez ajouter quelque chose ?

Sandrine. – Euh… non… *(Elle réfléchit, a l'air contrarié, puis, l'alcool aidant, elle change d'humeur brutalement, lui fait signe comme si c'était un téléphone.)* Ah si ! Tiens… vous pouvez rajouter : « salaud, salaud, salaud et encore salaud ! » *(Elle dicte au début comme une maîtresse, en faisant les liaisons et dictant la ponctuation puis après,* *elle vit son récit.)* Écrivez… Salaud, virgule, égoïste, deux points : n'importe quel connard, vous pouvez mettre une majuscule à connard s'il vous plaît. Donc, je reprends : n'importe quel connard majuscule qui aime quelqu'un comme le décrit Antoine aurait emprunté un portable virgule, trouvé un téléphone ou une connexion Internet parce qu'aujourd'hui même dans le fin fond de la Papouasie-Nouvelle-Guinée, il pousse des Starbucks cafés et même dans les tribus les plus reculées du Tibet, ils ont tous leur profil sur Facebook ! Que, ben que… quand on voyage, on n'est jamais seul, on croise des gens en voyage, non ? Que c'est super pas possible, moi n'ayant pas bougé, pas changé d'adresse ni même de numéro, que tu n'aies pas eu la curiosité de savoir ce qui s'était passé, et pourquoi. Si le vide est aussi grand qu'Antoine le décrit, comment tu as pu te marier au bout de deux ans avec la première conne à collier venue ?! C'est nul et tu me débectes, trois points d'exclamation !

Elle fond en larmes.

ANTOINE. – Non, mais attendez, peut-être que…

SANDRINE. – Non !

ANTOINE. – Et s'il avait tout simplement…

SANDRINE. – Non, je vous dis !

Un temps.

ANTOINE, *timidement*. – Vous avez du chagrin ?

SANDRINE. – J'ai du chagrin… J'ai du chagrin, parce que je me rends compte maintenant que pendant deux ans, à cause de vous, eh bien à cause de vous, je suis passée à côté de… RIEN. Je suis passée à côté de rien ! *(Réalisant l'absurde et reniflant.)* Ça va loin, quand même.

*Il lui tend des mouchoirs pour qu'elle s'essuie et se mouche,
ce qu'elle fait. Il lui remplit une coupette. Ils trinquent.*

ANTOINE. – Coupette ?

SANDRINE. – Merci. Vous picolez pas mal, vous, à La Poste !

ANTOINE, *ironique.* – Bah, on a une éthique.

SANDRINE, *riant.* – J'adore les gens qui picolent. J'adore picoler,
finalement, ça me manquait !

ANTOINE, *servant deux verres de champagne.* – Alors on trinque !
À qui, à quoi ?

SANDRINE. – Euh… aux pathétiques, aux losers…

ANTOINE. – … aux mauvais, aux ratés…

SANDRINE. – À la tienne, en fait !

ANTOINE, *sincère.* – Eh ben, à la tienne aussi ! *(Sandrine rit, de
plus en plus éméchée, puis tout à coup éclairée.)* Et si on en profitait
pour faire nos résolutions, nos vœux pour la nouvelle année ?

ANTOINE. – Je vous écoute.

SANDRINE. – Prendre trois kilos juste après les fêtes !

ANTOINE, *amusé.* – Pas mal…

SANDRINE, *riant.* – Arrêter d'arrêter de boire !

ANTOINE, *lui désignant sa coupe.* – On a pris de l'avance.

SANDRINE. – Manger trop sucré, trop salé, et ne rien pratiquer de
toute la journée si c'est recommandé par des gens qui nous font chier.
Arrêter d'arrêter !

ANTOINE. – Yes ! *(Ironique.)* Ça va être chaud, mais vous pouvez y arriver.

SANDRINE. – D'une façon générale, arrêter le « il » de « il faut ». D'abord, c'est qui ce « il » ? Il commence à m'emmerder celui-là avec ses conseils à la con, là. Nous, on va commencer le « je » de « je *faus* que je fasse » : « je *faus* que je fume des gros pétards, je *faus* faire la sieste alors que j'ai du travail », etc. Et merde ! Et voilà !

ANTOINE. – Entièrement d'accord avec vous ! Je *faus* boire un coup, d'ailleurs…

Il prend une rasade de champagne à la bouteille.

SANDRINE. – À vous ! Vos souhaits ?

ANTOINE. – Moi ? Faire comme mes parents !

SANDRINE, *l'exhortant.* – Et qu'est-ce qu'ils font vos parents ?

ANTOINE. – Ils sont morts. Ils se sont suicidés.

SANDRINE, *s'assombrissant.* – Ah… euh… ah oui, ils ont mis la barre très très haut…

ANTOINE, *allant chercher la bûche dans le frigo.* – Dans la famille, on se suicide de père en fils ! Ma maman s'est suicidée en premier. J'avais dix ans. C'était quelqu'un qui voyait le fond des choses, ma maman. C'est quand on voit le fond des choses qu'on est malheureux. *(Il coupe la bûche.)* Quand on voit déjà la fin du film, on n'a plus envie de regarder le début. Et mon papa ne l'a pas supporté. Ne pouvant vivre sans elle, il s'est tué un mois après. Ils avaient juste oublié un tout petit détail : moi.

SANDRINE. – Comment c'est possible de vous oublier ?… Et après ?

ANTOINE. – De famille d'accueil en famille d'accueil. Je n'ai été qu'abandonné. Je me suis tellement cogné à la vie, petit, qu'après, j'ai tout fait pour ne pas éprouver, rien, donc ne pas aimer, donc ne pas être abandonné, donc ne jamais souffrir. J'ai arrondi les angles, émoussé les bouts, mis des protections partout. Vécu par procuration, à distance des émotions, et finalement rien vécu du tout. J'en suis là. *(Pudiquement, il réprime des larmes.)*

SANDRINE, *touchée*. – Vous voulez de la bûche ?

ANTOINE. – Pourquoi pas… Au point où on en est ! *(Sandrine lui sert une part, et s'en sert une aussi.)* Finalement, le suicide, c'est une bonne façon de dire non. C'est l'ultime liberté qu'il nous reste. Finalement, la vraie révolution, c'est celle-là : un vrai suicide collectif. Ça vous dirait ?

SANDRINE. – Non, pour l'instant, je préfère rester sur la bûche, merci. *(Clairement pour faire diversion et faire rire Antoine, elle prend un nain et sa scie en plastique à côté, fait mine de massacrer le nain avec sa propre scie, puis se l'applique sur les veines, devant Antoine réticent, mais qui au bout d'un moment finit par rire, surtout face à l'acharnement de Sandrine qui est très clairement plus que gaie maintenant. Puis, réfléchissant.)* Vous savez, tout à l'heure, pour le bisou, personnellement, j'étais à 10 %. C'est pas ça, normalement, c'est mieux.

ANTOINE. – C'était la première fois pour moi, alors j'ai pas beaucoup de points de comparaison…

SANDRINE. – Vous n'avez même pas fait l'objet d'un pari ? Mais dites donc, vous êtes quand même passé à côté d'un truc énorme au niveau du bisou. Le monde tourne rien que pour ça, les gens se lèvent le matin pour ça… Des peuples entiers même se font la guerre des bisous.

ANTOINE. – La guerre pour des bisous ?

SANDRINE. – Oui. Faut sortir, Antoine !

ANTOINE. – C'est mon prénom. Vous avez dit mon prénom. C'est agréable à entendre son petit prénom dans la bouche de quelqu'un qu'on… qu'on apprécie. C'est super agréable ! Vous pouvez me rappeler par mon prénom, s'il vous plaît ?

SANDRINE. – Bien sûr, Antoine, Antoine, Antoine, Antoine, Antoine, Antoine, Antoine…

Antoine sourit, content.

ANTOINE. – Stop ! J'ai peur de m'habituer et de reprendre goût à la vie.

SANDRINE. – Antoine, Antoine, Antoine…

ANTOINE. – Non, mais vous comprenez, c'est trop d'un coup. Un petit Sahélien à qui on propose tout de suite une choucroute garnie.

Sandrine lui désigne la tirelire comme à un gosse qui a fait une connerie.

SANDRINE. – Tirelire ! Allez, tirelire !

ANTOINE. – Ah ! j'ai pas pu me contrôler !… Je vous ressers une coupette ?

SANDRINE, *tendant le verre*. – Non, c'est pas raisonnable… On va finir ivres morts, tous les deux… Moi ivre, vous mort ! D'ailleurs, vous voulez toujours vous suicider ?

ANTOINE. – Ah oui… Pourquoi pas…

SANDRINE. – Mais enfin, quand même, il y a encore des tas de raisons de se lever le matin…

ANTOINE. – Ah oui ? Vous vous levez pour quoi, vous ?

SANDRINE. – Ben, euh… *(Volontairement bucolique.)* Je ne sais pas, les oiseaux qui chantent, un rayon de soleil, trois notes de flûte de Pan, une odeur chaude de beurre fondu…

ANTOINE. – Excusez-moi, mais vos plaisirs ressemblent à une vieille pub pour les saucisses Herta. Ça n'en vaut pas la peine.

> *Antoine prend tout à coup une grosse poignée de médicaments qu'il gobe avec une grande rasade de champagne, puis tombe de sa chaise.*

SANDRINE, *hurlant*. – Mais qu'est-ce que vous faites ? Vous êtes dingue ! *(Elle le secoue.)* Reste avec moi, Antoine, parle-moi, regarde mon doigt. *(Elle déplace son doigt de droite à gauche.)* Comment t'appelles-tu ? Antoine ! Antoine ! *(Elle lui met deux claques.)* De toute façon, tu ne les as pas volées. Antoine ! Antoine ?!

ANTOINE, *tranquille*. – Pouah !!! C'est dégoûtant ! Les Smarties avec le champ' ! Pouerk !

SANDRINE, *n'en revenant pas*. – Des Smarties ?! C'est des Smarties ? Vous m'avez fait peur, espèce de con ! Vous voulez vous suicider à la crise de foie ? C'est courageux. C'est un peu comme se prendre une cuite au baba au rhum !

ANTOINE. – En tout cas, je suis très touché, vous vous préoccupez de ma petite personne, ça fait plaisir…

SANDRINE, *mangeant des Smarties compulsivement*. – Bah, je suis là… faut bien que je… enfin tant qu'à faire… ça serait con…

ANTOINE, *désignant les Smarties*. – Attention, j'en ai mis de vrais dedans ! *(Sandrine recrache brusquement.)* Non, je rigole.

SANDRINE. – Ah! c'est malin, ça! Bon, vous comptiez vous y prendre comment au juste pour vous suicider? Parce que bon, l'heure tourne et… si on veut être mort avant minuit, c'est pas le tout mais…

ANTOINE. – Je ne sais pas trop encore, j'hésite…

SANDRINE. – Bon, attendez, faut que vous y mettiez du vôtre quand même! Les doigts dans la prise?

ANTOINE. – J'ai plus d'électricité.

SANDRINE. – La strangulation?

ANTOINE. – Avec quoi?

SANDRINE. – Votre cravate?… Ah non! J'ai une idée…

Elle se précipite vers la fenêtre et fait mine de sauter. Comme une séquence « clippée », filmesque, la musique « San-San sans toi » vient shunter leur dialogue. Sur ce moment musical, on les voit manger, boire, rire, faire des blagues, on est clairement dans la comédie romantique alcoolisée. C'est une petite bulle « comédie musicale » charmante. Les éléments du décor tournent. On se retrouve en contrechamp.

SAN-SAN SANS TOI

Que serais-je San-San, San-San, sans toi
Une miette de pain, une coquille de noix
Que serais-je San-San, sans sentiments
Une étourderie, une rature sûrement
Ma San-San, San-San, quand je te vois
Je bégaie ton nom, je dis n'importe quoi
Ma San-San, San-San, quand je te lis,
Je bégaye gaiement je suis un tout-petit

Refrain :

San-San, San-San, San-San… sentiments
Y a centimes, dedans
Quand on aime on n'compte pas
San-San, San-San, San-San, San-San… toi
Ça finit par faire mille
Ça finit par faire mal, je crois…

Que serais-je San-San, San-San, sans toi
Un truc, un machin, un je-ne-sais-quoi
Que serais-je San-San, sans sentiments
Un égout sans bouche, une bouche sans dents
Ma San-San, San-San, quand tu es là
Eh bien, bizarrement, moi je n'y suis pas
Ma San-San, San-San, quand je te sens
Je vis, je meurs et ressuscite en même temps

(Refrain)

San-San, San-San, San-San, San-San… toi
Ça fait beaucoup de sang
Qui monte à la tête parfois
San-San, San-San, San-San… sentiments
Ça fait beaucoup de sang
Qui me monte au cœur, tellement.

Fin de la séquence. Retour à la réalité.

ANTOINE. – Je suis sûr que ça vous ferait plaisir…

SANDRINE. – De quoi ?

ANTOINE. – De faire n'importe quoi, ici, puisque de toute façon dans moins d'une heure je suis mort, même si je ne sais pas encore comment… Alors du coup, on se fout de tout ! Comme ça, ça nous défoulerait. Moi, personnellement, ça me ferait du bien.

SANDRINE. – Ah oui ! Pourquoi pas ?

ANTOINE, *euphorique*. – Et si on renversait cette table, qui en a toujours rêvé ?

SANDRINE, *acquiesçant*. – Toujours ! *(Il la renverse. Tout à coup, un air de folie ludique aidé par le taux d'alcoolémie règne dans la pièce.)* Je suis embêtée, j'ai envie de saupoudrer la moquette !

ANTOINE. – Saupoudrez, saupoudrez…

Sandrine prend des aromates et en verse partout.
Antoine prend les coussins sur le canapé et les envoie valser dans la pièce.
Sandrine rit.

SANDRINE. – Vous n'avez pas intérêt à vous rater tout à l'heure parce que sinon, bonjour le ménage demain ! Je vous préviens : je ne suis pas là ! *(Dans son entrain, Sandrine prend les lettres des casiers et découvre quasiment tout un autel lui étant consacré. Son prénom est colorié au-dessus de tous les casiers dans lesquels sont triées les lettres. Elle les vide un par un en balançant des cartes postales à travers la pièce.)* Et bons baisers de l'île de Ré ! *(Elle en prend une autre.)* Et on se régale au Sénégal ! *(Ils lancent des cartes postales par la fenêtre dans l'euphorie la plus totale.)* C'est la marrade à La Barbade !

ANTOINE, *participant*. – On est trop bien dans le Cotentin !

SANDRINE. – Ouarzazate et mourir !

ANTOINE. – On est dingue à Saint-Domingue !

Sandrine prend un autre paquet.

SANDRINE. – Et des factures ! Et des factures ! Et j'ai encore gagné une superbe voiture ! Et des jeux à gratter ! À ce propos, qu'est-ce qu'on fait du duo raclette ? *(Elle le regarde, complice, se saisit du carton et le balance par la fenêtre. Elle découvre le rideau jusqu'au bout et prend le courrier d'un autre casier. Elle lit l'adresse, hilare, prête à faire un jeu de mots.)* Et qu'est-ce qu'on se marre… à Zanzibar… Encore des prospectus et des… (S'arrêtant net.) C'est qui Catherine Florac ?

> *Elle passe en revue tout un tas de lettres, visiblement toutes adressées à la même personne.*

ANTOINE, *hilare*. – C'est rien, c'est une nana que j'ai… enfin… une ex !

Sandrine éteint la musique. Elle arrête de bouger.

SANDRINE. – Une ex ?!

ANTOINE, *redescendant de son état*. – Bah oui ! Une ex, quoi !

SANDRINE. – Mais je croyais que c'était le désert affectif dans votre vie, depuis toujours ?

ANTOINE. – Une ex… euh… comme vous, en courrier… Il ne s'est jamais rien passé !

SANDRINE. – Comme moi ?!

ANTOINE. – Bah oui, comme vous…

SANDRINE. – Mais je croyais que j'étais la seule, l'unique, à qui… Je croyais que… Ah !! on est plusieurs ! Vous êtes un grand malade, en fait. Je me demande ce que je fous là, à danser costumée avec Hannibal Lecter ! *(Regardant le cachet de la poste sur l'enveloppe.)* En plus, vous êtes gonflé, elle date de cette année… Et celle-ci aussi ?! C'est même pas une ex, c'était en même temps que moi ! Je rêve… Vous m'avez trompée, en fait !

ANTOINE. – C'est-à-dire que…

SANDRINE. – Qu'est-ce qu'elle a de plus que moi, cette pute ?! Elle entretient une correspondance avec Victor Hugo ?!

ANTOINE. – Vous êtes jalouse.

SANDRINE, *piquée, mentant mal*. – Moi, jalouse ? Pas du tout ! Je ne suis pas jalouse. Sauf quand ça me concerne ! Je suis juste déçue, c'est tout, très déçue. Évidemment, j'ai fait l'erreur de croire que c'est moi qui aurais pu susciter un tel comportement, mais visiblement, dès qu'on a une adresse, on est susceptible de vous plaire ! Ça, dès que ça a une jolie petite boîte, avec une jolie petite fente, vous êtes incapable de vous contrôler, en fait !

ANTOINE. – Non, c'était un coup comme ça, c'est tout. Ça arrive… On est aussi des hommes, à La Poste ! Elle n'avait pas toutes ces cartes, tous ces jolis mots d'amour… « radine ta fraise », « chiche Patrick » !

SANDRINE. – Ouais, c'est ça… *(Puis, elle ouvre une lettre de Catherine. Elle la lit avec une intention qui n'est très clairement pas celle du courrier très administratif qu'elle lit, elle est mue par la jalousie.)* « Catherine, veuillez recevoir ce chèque de 7 euros 50, preuve de votre fidèle beauté, en un mot de votre fidélité. » *(Effondrée, comme si c'était la pire nouvelle.)* Putain, elle a une carte Marionnaud… *(Elle est réellement triste, cette fois. Son regard commence à se perdre, elle est ivre. Elle se lève, bien décidée, et titube.)* Bon, ben je vais y aller, je vais vous laisser vous tuer tranquillement, à la cool, hein, je vais rentrer euh… ben… à la nage, ou alors j'attends la marée montante. Vous avez l'horaire des marées ?

Elle rit bêtement puis se vautre par terre.
Antoine l'aide à se relever et l'escorte jusque dans la salle de bains.
On entend un bruit de douche.

SANDRINE, *ivre, off.* – Il faut m'arroser pour pas que je meure échouée là… Bah, qu'est-ce que vous faites ?… Arrêtez ! Je ne vous permets pas ! Vous ne seriez pas en train d'essayer de me ventouser, par hasard ?

ANTOINE, *off.* – Non, pas du tout. On enlève ce truc, vous allez étouffer là-dedans ! Vous avez trop bu. Je suis confus, tout est de ma faute. Je me retourne, je ne vous regarde pas.

Bruit de douche.

SANDRINE, *off.* – C'est froid !!! Ah !!!

ANTOINE, *off.* – Pas payé.

SANDRINE, *off.* – Vous savez pourquoi je vous fais confiance ? Parce que tout à l'heure, le taxi, vous me l'avez retenu. Si vous vouliez me violer, vous ne seriez pas allé retenir le taxi pour que je rentre, hein ? Vous ne voulez pas me violer, en fait ?

ANTOINE, *off.* – Absolument pas.

SANDRINE, *off, déçue.* – Même pas un petit peu, sur les bords ?

ANTOINE, *off.* – Encore moins. Allez, passez ce peignoir.

Ils reviennent. Elle a les cheveux mouillés, elle est en peignoir. Elle a l'air moins vaseux, mais elle est toujours éméchée.

SANDRINE. – Mais ça vous a traversé l'esprit, quand même.

ANTOINE. – Peut-être, mais juste l'esprit alors…

SANDRINE. – C'est dingue, ça. Une jeune femme que vous ne connaissez pas vient directement chez vous… elle se jette dans la gueule du loup, quoi… en plus elle boit comme un trou… elle prend une douche à moitié nue dans votre salle de bains… vous ne craignez rien puisque la peine de mort, vous vous l'infligez vous-même, tout seul… et vous ne la violez même pas ?!

ANTOINE. – Vous n'avez qu'à porter plainte pour « non-viol » !

SANDRINE. – Antoine, Antoine, Antoine, Antoine, ne faites pas l'enfant ! Violez-moi, comme ça, moi, je rentabilise ma soirée avec un dingue ! Sinon qu'est-ce que je vais raconter aux autres ?

ANTOINE, *perturbé*. – Je vais vous appeler des vêtements et vous prêter un taxi. Et vous allez rentrer bien sagement chez vous et…

SANDRINE, *reprenant du poil de la bête*. – En tout cas, pour quelqu'un qui n'y connaît rien sentimentalement, vous vous débrouillez pas mal, finalement. En un : la surprise avec une accroche très originale. En deux : la déclaration. En trois : le côté touchant, gnangnan abandonné, tout ça. En quatre : la virilité, parce que jamais quiconque, vous m'entendez, ne m'a forcée à tartiner du beurre… En cinq : l'adultère, avec LA Florac ! En six : l'indifférence totale ! Vous êtes un homme à femmes qui s'ignore, en fait.

ANTOINE. – Pour le taxi, il va falloir laisser passer les dix prochaines minutes…

SANDRINE. – Il est quelle heure ?

ANTOINE. – Presque minuit.

SANDRINE, *paniquée*. – Ah là là ! Qu'est-ce qu'on va faire ? Vite : radio !

Antoine met la station du compte à rebours. Ils se regardent et écoutent attentivement.

Voix radio 3, *type dépressif, triste.* – 14, 13, 12, 11, 10, 9, 8, 7, 6, 5, 4, 3, 2, 1… Bonne année à tous… *(Façon jingle.)* C'était Radio Blues, moins de radio, plus de blues.

Puis retentit un coup de feu sec dans le studio radio.
Regards refroidis de Sandrine et Antoine.

Sandrine. – Vous vous êtes fait doubler, vous.

La clameur de la rue, les klaxons commencent à se faire entendre.

Antoine. – Il m'a coupé l'herbe sous le pied, oui !

Sandrine. – Je ne vous souhaite pas la bonne année ?

Antoine. – Ça fait trente-cinq ans qu'on me les souhaite, trente-cinq ans que c'est pourri. C'est pas une science exacte, la bonne année.

Sandrine. – Allez, pas bonne année !

Antoine. – Pas bonne année, pas de santé, pas d'argent, et surtout pas d'amour !

Sandrine. – Non, pas d'amour !

Antoine. – Ça vous dirait de voir Paris sous la neige, ce soir ?

Sandrine. – Euh… ouais…

Antoine prend la boule à neige qu'il secoue.

Antoine. – C'est pas par là qu'il faut regarder. *(Désignant la fenêtre par laquelle on peut voir des gros flocons.)* C'est par là…

SANDRINE, *émerveillée, à la fenêtre.* – Il neige, regardez, il neige ! Vous avez agité la boule, et paf ! il neige ! Vous êtes un vrai magicien, Antoine…

ANTOINE. – Ils l'avaient annoncé, tout à l'heure. Vous savez, la tirelire à métaphores que vous avez faite, là… je crois que je vais m'en servir pour vraiment voyager, en fait…

SANDRINE. – Attention, vous allez réveiller le petit mystérieux buriné qui sommeille en vous.

ANTOINE. – J'irais peut-être pas jusque-là, mais…

SANDRINE. – Vous savez quoi ? Vous êtes un virage à 180° sur l'autoroute de ma vie…

ANTOINE. – Hein ?

SANDRINE. – Ouais… Comme un accident de la route heureux, un petit croche-pied du destin, un samedi au milieu de la semaine…

ANTOINE. – Oh là là ! Tout doux ! Ça ne va pas ? Qu'est-ce que vous faites ? On frise le découvert !

SANDRINE. – Bah, si on a envie d'aller plus loin que Dourdan, il va falloir en faire, des métaphores !

ANTOINE, *comprenant le jeu.* – Ah oui… Ah oui… Vous êtes comme rayon de soleil… ou euh… une catastrophe naturelle !

SANDRINE. – Encore un effort, on arrive presque à Orléans, là !

ANTOINE. – Attendez, attendez, à brûle-pourpoint, c'est pas évident…

Un temps.
Il s'approche et l'embrasse timidement.

Sandrine, *émoustillée*. – Dites donc, c'est pas mal pour une première fois. On va dire que c'est la chance du débutant. À moi ! Je peux essayer ?

Antoine. – Bien sûr.

Elle l'embrasse.

Sandrine. – Ça vous plaît ?

Antoine. – C'est pas mal… J'irais pas encore faire la guerre pour ça, mais…

Sandrine. – Ah ! bah oui, mais attention : c'est technique. D'abord, on maîtrise la technique ; une fois qu'on a la technique, on passe partout, c'est comme au ski, et après seulement… après, on met des sentiments…

La lumière se shunte au noir tout doucement.

Antoine. – On met des sentiments ?!

Sandrine. – Ben oui ! Dedans, dans le baiser, on met des sentiments… Mais attention, pas pour l'instant.

Antoine. – Non, non, pas pour l'instant…

Sandrine. – On va dire dans un deuxième temps…

Antoine. – Voilà…

Il la serre dans ses bras. Ils s'embrassent réellement cette fois-ci. Ils se serrent fort dans les bras, très fort, comme si c'était la fin du monde, une étreinte qui fait du bien, beaucoup de bien.
Noir.

FIN

AVIS IMPORTANT

ATTENTION

4e trimestre 2014
1re édition, dépôt légal : novembre 2014
N° d'édition : 20154
ISBN : 978-2-84422-977-9